Les grandes questions
du petit GASTON

問個不停的小孩，
加斯東 ②

◎ 蘇菲・芙勞特 Sophie Furlaud
◎ 凱瑟琳・波多居貝
Catherine Proteaux-Zuber
◎ 許雅雯

U0009866

小野人 040

問個不停的小孩，加斯東 2【建立價值觀 & 世界觀的暢銷親子哲學繪本】

為什麼愛生氣？為什麼兄弟姊妹會吵架？為什麼世界上有壞蛋？（給爸媽的萬能解答書，3~15 歲適讀）
Les grandes questions du petit Gaston

作　　者	蘇菲・芙勞特 Sophie Furlaud
繪　　者	凱瑟琳・波多居貝 Catherine Proteaux-Zuber
譯　　者	許雅雯

野人文化股份有限公司

社　　長	張瑩瑩
總 編 輯	蔡麗真
責任編輯	徐子涵
行銷企畫	林麗紅、蔡逸萱、李映柔
封面設計	周家瑤
內頁排版	洪素貞

出　　版	野人文化股份有限公司
發　　行	遠足文化事業股份有限公司（讀書共和國出版集團） 地址：231 新北市新店區民權路 108-2 號 9 樓 電話：（02）2218-1417　傳真：（02）8667-1065 電子信箱：service@bookrep.com.tw 網址：www.bookrep.com.tw 郵撥帳號：19504465 遠足文化事業股份有限公司 客服專線：0800-221-029
法律顧問	華洋法律事務所　蘇文生律師
印　　製	博客斯彩藝有限公司
初版首刷	2022 年 1 月
初版四刷	2024 年 6 月

9789863846499(精裝)

有著作權　侵害必究
特別聲明：有關本書中的言論內容，不代表本公司 / 出版集團之立場與意見，
文責由作者自行承擔
歡迎團體訂購，另有優惠，請洽業務部（02）22181417 分機 1124

Les grandes questions du petit Gaston © Bayard
Éditions, France, 2015
Published in agreement with Bayard Editions,
through The Grayhawk Agency

國家圖書館出版品預行編目（CIP）資料

問個不停的小孩 , 加斯東 (建立價值觀 & 世
界觀的暢銷親子哲學繪本). 2：為什麼愛生
氣？為什麼兄弟姊妹會吵架？為什麼世界上
有壞蛋？(給爸媽的萬能解答書 ,3-15 歲適讀)
/ 蘇菲 . 芙勞特 (Sophie Furlaud), 凱瑟琳 . 波多
居貝 (Catherine Proteaux-Zuber) 繪；許雅雯譯 .
-- 初版 . -- 新北市：野人文化股份有限公司出
版：遠足文化事業股份有限公司發行 , 2022.01
　面；　公分 . -- (小野人；40)
譯自：Les grandes questions du petit Gaston
ISBN 978-986-384-649-9(精裝)

1. 哲學 2. 繪本

100　　　　　　　　　　　　110020806

野人文化
官方網頁

野人文化
讀者回函

問個不停的小孩，
加斯東 2

線上讀者回函專用
QR CODE，你的寶
貴意見，將是我們
進步的最大動力。

目　錄

大家都
一樣嗎？

加斯東上小學

❶ 今天是開學日，加斯東來到新學校。學校的中庭、教室和老師都不一樣了。還好他的朋友保羅還在！保羅小小聲的對他說：「我們同班！」加斯東鬆了一口氣：「呼……」

❷ 加斯東和保羅從幼兒園開始就是好朋友，媽媽說：「你們是物以類聚！意思就是說，同樣的人就會聚在一起。」加斯東抗議：「哼！我們才不一樣。保羅超級高的，但是我矮不隆咚……」

❸ 「對啊，而且加斯東的眼睛是咖啡色的，我的是綠色的！」保羅也有意見。

❹「雖然你們的身材和眼睛的顏色不一樣,可是我覺得你們喜歡的東西很像。你們不覺得嗎?」

❺「啊!那是我們的新老師。她好漂亮!」加斯東小聲說,保羅也贊成。媽媽聽到以後笑了:「看吧,你們的看法一樣!」

❻ 小朋友們兩個兩個排好隊。保羅開始學羊咩咩叫:「咩!我們都是一樣的!我們都是一樣的!我們就像兩隻小綿羊!」老師說:「喔不,我可不想帶一群小綿羊上課!」

❼ 進教室後，加斯東跟保羅講悄悄話：「我沒看過那兩個女生……你看，她們長得一模一樣！她們會不會是雙胞胎？」加斯東和保羅一直都很想當雙胞胎，這樣他們就真的一模一樣了！

❽ 老師開始介紹每個人：「這是葉思敏、珍妮、馬帝歐、何米，還有這一位，他叫狄奧。他很高興能來到我們班上，這是他第一次到學校上學。」

❾ 老師帶狄奧到他的位置上，對他說：「狄奧，因為你的狀況比較特別，才會現在才入學。不過我們都很歡迎你。」

⑩ 下課時，有個小女孩一個人在角落玩。她的名字是洋子，還不會說法語……

⑪ 加斯東和保羅走向洋子，對著她比手畫腳：「貓？要不要玩躲貓貓？」

⑫ 洋子猶豫了一下，最後露出大大的笑容。她看懂了！這時狄奧也來了：「貓！貓！我也要玩！」其他小朋友也加入了他們。下課時間結束前，老師來到中庭，看到大家玩在一起，開心地說：「唉呀，看來這個班的小朋友相處得很不錯！」

放學的時候

我們班上有個女生，她說的話跟我們不一樣，很奇怪吧……

你知道她是從很遠的地方來的嗎？她之後會慢慢進步，也許你就會發現，你們其實沒有那麼不一樣。而且啊，她一定知道一些你們沒玩過的遊戲！

每個人都有一些相似之處……

每個人都有一張嘴、一個鼻子、兩隻腳、
兩個耳朵和一顆跳動的心。

回家的路上

每個人都有一些不一樣的地方……

有的人比較胖，有的人比較瘦，有的人喜歡藍色，
有的人喜歡綠色，有的人喜歡幻想、做白日夢，
有的人則喜歡散步或游泳。

回到家後

妳覺得地球上有另一個跟我一模一樣的人嗎？？

另一個加斯東嗎？哦不，我想應該不可能……你爸和我生了一個獨一無二的小寶貝！你可以做很多只有你會做的事……比如說，當一個全世界最會親親的小王子！

**每個人都有點像又有點不像，
但沒有人能取代你！**

法妮　　　雨果　　　茉麗葉　　　羅曼

艾列希　　諾愛蜜　　莉亞　　　亞尼斯

托馬　　　克蘿艾　　保羅　　　瑪儂

每個人都是獨一無二的

一樣不一樣

每個人都會想要或喜歡不同的東西,先回答這些問題,再問另一個人。
這個人可以是你的爸爸、媽媽、姊妹、兄弟或是你最好的朋友……
結果怎麼樣?你們想要的和喜歡的東西一樣嗎?

最愛吃的菜

最喜歡的顏色

最喜歡的運動

最喜歡的活動

最喜歡的動物

最喜歡的工作

最喜歡的風景

最喜歡的代步工具

最愛穿的衣服

最崇拜的英雄

19

為什麼
要改變？

加斯東不明白為什麼很多事會改變……

❶ 今天媽媽把所有的櫃子都打開。「來吧，要把夏天的衣服都收起來了！」加斯東聽了有點難過。短褲拜拜，泳衣拜拜，漁夫帽和潛水呼吸管拜拜……他嘆了一口氣：「我喜歡放暑假……為什麼不能一直放暑假？」

❷ 媽媽說：「把開學要穿的衣服拿出來吧！」加斯東穿上外套，卻發現：「扣不上去耶，外套太小了！不會吧！這是我最喜歡的……」

❸ 「我們去買一件新的吧！」「耶！！」加斯東開心的歡呼。「看吧！」媽媽露出笑容，「有時候改變一下也不錯！」

❹ 逛街的時候，媽媽對加斯東和西朵說：「我的小乖乖們，今天晚上開始要改變作息時間囉！要早一點睡覺了！」加斯東和西朵不願意：「不要！不要！不要！之前那樣比較好！」兩個人都不高興地大叫。晚睡的生活拜拜，不用設定鬧鐘、可以盡情賴床的日子拜拜……

❺ 「加斯東，你看！這是你的新學校！」媽媽說。可是加斯東的心情有點悶悶的……他小小聲的回了話：「還好保羅也會跟我一起換學校。」

❻ 「那我的學校呢？」西朵有點擔心。「妳要去小小孩的學校啊！」加斯東說，「就是幼兒園！」

❼ 媽媽特地繞了一小段路，帶他們去看看西朵的學校。「就是這裡！」媽媽指給他們看。緊張的西朵突然停下腳步！加斯東安慰她：「別怕！妳可以跟大家說妳是我妹妹！幼兒園的人都認識我！」

❽ 西朵問：「我一定要去幼兒園嗎？」加斯東回答：「當然，如果妳想追上我，就有好多東西要學……幼兒園是給小寶寶去的。」

❾ 加斯東又說：「我可以把幸運夾克借妳！」西朵回答：「呃……我不能買新的嗎？」

⑩「哇，是旋轉木馬！它還在耶！」西朵放心了。加斯東也大叫：「妳們看，這裡也有冰淇淋，跟海邊一樣！我想要香蕉巧克力口味的！」「我也要，我要一顆粉紅色的！」西朵也跟著叫了起來。媽媽回答：「我的小寶貝，你們倒是一點都沒變啊！」

每個人都喜歡自已熟悉的事物……

而對於不了解的東西，總會有點擔心！

爸爸，你看，這些都是我寫的！

哇！好棒啊！看來你在這個給超級大小孩的班上學了很多東西喔！

你也可以教我怎麼寫字嗎？

28

我們還是會想嘗試新的遊戲、
交新的朋友、看新的書……

那些我們不了解的東西也會讓我們感到興奮！

臥房裡

爸爸，跟你說喔，我如果再上學久一點，就可以自己看書了！

那睡覺前就是你唸床邊故事給我聽囉？

哈哈！這種改變我倒是很喜歡！

一個人的一生中會不停的遇到改變……

意思是我們一直在長大囉？

看得出來、
看不出來？

有的時候，有一些改變不一定
會被發現。你覺得有哪些改變
是看不出來的呢？

你走進新學校的時候？

生日蛋糕上多了一根蠟燭？

穿不一樣的衣服變裝？

回到好朋友身邊的時候？

生氣的時候？

有點不舒服的時候？

剪頭髮後？

長大
代表什麼？

今天是加斯東的生日

❶ 放假的時候，加斯東去爺爺奶奶家玩。「今天是我的生日！」加斯東像隻蟋蟀一樣又叫又跳。妹妹西朵和堂哥湯姆神祕兮兮的把他帶到一個地方。

❷「生日快樂！」所有的家人都在花園裡，大家都來參加他的生日野餐派對。「蛋糕是我做的哦！」西朵得意的說。

❸「呼——」加斯東吹熄蠟燭。「耶，我長大了！」

④ 媽媽拿出一根玩具釣竿給加斯東。加斯東嘟起嘴：「我長大了，不玩這個了啦……」

⑤ 「我想玩大人的東西！我要玩那台拖拉機！」爺爺馬上大聲回應：「那就跟我來吧！」

⑥ 「抓好方向盤！」爺爺教他，「可是小東東，你還要再長大一點才踩得到加速器！」

⑦ 「我來我來！我的腿很長！」湯姆一邊說，一邊爬上拖拉機。「那我呢？」西朵小小聲地問。

⑧ 媽媽把她叫到身邊：「西朵，我的小麻雀，快來給我抱抱！」加斯東一聽，馬上跟著跳下拖拉機：「那我呢？那我呢？！」

⑨ 媽媽笑著說：「好了，現在我的兩個大寶寶都在我的懷抱裡了！」

⑩ 湯姆按了喇叭：「叭，叭！」爺爺喊著：「加斯東，上車囉！想學會的話，就得多練習才行……」加斯東開心到臉都紅了……媽媽嘴角上揚：「可是現在我們要先拍加斯東的生日大合照……」

⓫「小朋友站前面，大人站後面！」西朵和湯姆站到最前面。可是加斯東在哪裡呢？啊……
他在後面，在爺爺的背上！他喊著：「耶！我最大！」

出發去海邊前

長大不只是身高變高……

頭腦裡的東西也會變多！

下午茶時間

爸，我們到底要怎麼知道自己長大了？

這個嘛，你不可能某天早上睜開眼睛就變成了大人！可是，每一次學會新的事都代表你又長大了一點。

我晚上都不會怕自己下床尿尿了耶！我也長大了！

學會新的事就能更上一層樓！

從海邊回來後

奶奶，妳呢？妳已經不會長大了嗎？好可憐哦！

小子，我當然還會長大啊！雖然我不會再長高了，可是我還是一直在學很多新的東西！說到這個，你什麼時候要給我上第二堂電腦課啊？

人一輩子都會不斷成長！

傍晚的時候

仔細看看這些圖片……

開火車

談戀愛

游泳

跳房子

……想一想這些事要長到多大才可以做，在旁邊的溫度計上指出來。

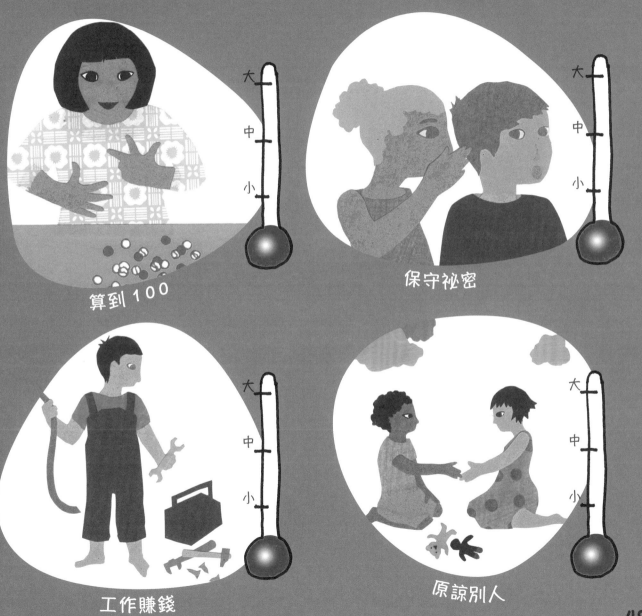

算到 100

保守祕密

工作賺錢

原諒別人

49

每個人
都會作夢嗎？

加斯東的夢

❶ 加斯東靠在一棵直挺挺的大樹下休息，就像靠在一張躺椅上……松葉有點刺刺的，可是味道好香！他閉上眼睛，聽見蜜蜂嗡嗡叫，鳥兒吱吱喳喳，遠處傳來咕咕聲，加斯東暗自猜測聲音的主人，就這樣緩緩進入夢鄉……。

❷ 這時，西朵把他嚇醒了：「你在睡覺嗎？喂！喂！你在睡覺嗎？」加斯東很不高興。光線刺得他眼睛好痛。

❸「我在做夢……我飛得好遠好高……我是一隻大黃蜂，」加斯東說，「你害我從天空中掉下來了！」西朵跟在他後面喊：「嗡嗡嗡！加斯東是大黃蜂！」

❹「好了，現在開始，妳不可以來吵我，這是我的作夢石！妳不可以上來！」加斯東說。西朵難過的問：「我不能跟你一起作夢嗎？」

❺ 加斯東坐了下來，回答妹妹：「作夢是我一個人的事！這個地方離天空上的雲比較近！」

❻「你都作什麼夢啊？」西朵小小聲地問。「其實沒什麼特別的，我也不會先想好要作什麼夢……」加斯東回答。

❼「有的時候，我會想像長大以後的樣子，我以後要做的工作……也會想想我等一下要蓋的小木屋！」「對耶！」西朵邊爬邊說。

⑧「哦……好吧，小傢伙，上來吧！」加斯東說，「我們一起想想夢想小木屋要怎麼蓋……我喜歡作夢，可是更喜歡可以實現的夢！」西朵瞪大了雙眼看著哥哥。她好像也飛到雲上了。「咕咕，咕咕……」，一聲聲的咕咕在遠處迴盪。

在森林裡的空地

作夢就是暫時離開現實生活⋯⋯

然後進入一個想像的世界裡！

我也會作夢！昨天晚上睡覺的時候，我就夢到自己掉進一個無底洞……

可是我說的不是睡覺的時候作的夢！

啊對……晚上睡覺的時候會作神祕的夢，白天也可以作白日夢，或者擁有夢想。唔……我現在就有一個夢想，想在我們蓋的小屋裡小睡一下。

58

無論是睡覺或是張大眼睛，
無論是在被窩裡或在任何地方，
我們都可以作夢……

我們可以有各式各樣的夢！

在剛完成的夢想小屋裡……

每一個夢都能成真嗎？

並不是每一個夢都能成真……你覺得下面這些事有可能實現嗎？

飛上天空？

成為超人氣歌手？

住在糖果屋裡？

活在沒有戰爭的世界？

用魔法棒實現願望？

一輩子都在玩？

駕駛火箭？

結婚，然後生很多小孩？

為什麼
我有時候
會氣到爆炸？

憤怒的加斯東……

❶ 今天，加斯東的房間裡非常安靜，連蒼蠅飛過的聲音都沒有！加斯東正在畫畫……非常專注的畫畫！突然，有個小小的聲音劃破這片寧靜。「你在做什麼？」西朵問。「噓！我在畫一隻暴·龍，很難畫的。」加斯東解釋。

❷「這才不是『抱抱龍』，是蜥蜴吧！」西朵說。加斯東聽了很不高興……

❸「啦啦啦，你不會畫畫！」西朵繼續煩他。加斯東的臉漲紅了，拿起了紅筆在紙上亂塗一通。

❹「現在看起來好像一隻在噴火的龍！」西朵笑他。加斯東怒吼：「不要煩我！」

❺可是西朵似乎沒有打算放過他！「我要跟你一起畫！」她說。

❻「不要！」加斯東生氣了。「不要拿黃色的……妳會用壞它！我還需要黃色的才能畫完！媽媽！西朵一直煩我！」

❼媽媽探出頭：「小獅子們，發生什麼事了？」

⑧「哇，好漂亮的龍！」媽媽讚嘆道。「這才不是龍！」這下加斯東真的氣壞了！

⑨「你們都不懂啦！都不懂！」加斯東怒吼。

⑩「你們有點吵哦，」爸爸說，「我看看，哇，我的小加斯東畫了一隻龍。」這下加斯東再也受不了了……

⑪他氣呼呼的走出房間，就像……一隻龍！「夠了！我再也不想看到你們了！」

⑫ 加斯東在廚房裡，一個人安安靜靜的繼續畫畫。「一個人真好！」加斯東心想。

⑬ 這時，貓咪突然跳上桌子，翻倒了桌上的牛奶！「我的暴龍。」加斯東哀嚎。

⑭「嗚……真不敢相信，連貓都來搗亂，」加斯東啜泣道，「反正這張畫本來就失敗了……」說完，他就把暴龍丟進了垃圾桶裡！爸爸、媽媽和西朵，就連小貓都小心翼翼的躲在門後，深怕再激怒加斯東！

廚房裡

西朵好煩！她一直黏著我！一直學我！為什麼她就只會惹我生氣？

你妹妹沒有只會惹你生氣吧！我也聽過你們兩個笑成一團啊。可是我也明白，你們不想老是黏在一起，這是正常的！

當別人靠我太近的時候，

我就會覺得喘不過氣……而且會很生氣！

後來

嗚嗚！加斯東都不讓我進他的房間一起玩……他好煩！為什麼他只會惹我生氣？

真的哦？他只會惹妳生氣嗎？妳確定？可是妳知道嗎，你們兩個想做的事不一定都一樣啊。妳要不要試試看去跟他說，他這樣做讓妳很難過？

當別人都不在意我的時候……

我也會生氣，因為我需要他們！

下午茶時間

親愛的西朵跟屁蟲，我答應妳，我會跟妳玩。可是不會一整個下午都陪妳！

那我也是，我答應你，我會讓你一個人安靜畫畫！可是你不要畫太久，好嗎？

當別人和我的距離不會太遠也不會太近，而且他們會注意到我，我也會注意到他們的時候……

……感覺和別人在一起是件很棒的事！

仔細看看這些情況，
如果會讓你生氣，
就選「」，
如果不會，
就選「」。
遇到這些情況的時候，你會怎麼做呢？

聽到「去睡覺，你明天還要上學！」的時候

發燒的時候

下雨不能出門的時候

76

小寶寶給你一個溼答答的親親

說話說到一半被打斷了

被人說是大胖子！

聽到「不可以哦！
不可以吃糖果！」

77

為什麼我們會跟兄弟姊妹吵架？

加斯東討厭妹妹！

❶ 哐噹、喀嗒、砰！加斯東和西朵的房間裡傳來巨大聲響。「第一，你不能命令我！」一個尖細的聲音喊著。「當然可以！把我的機器人放回去！」另一個憤怒的聲音傳來。

❷「我想幹嘛就幹嘛！」西朵把一個小機器人丟到地上，「而且，你不是我的主人！」

❸「當然是，我就是這裡的主人！」加斯東大吼，「我是妳的哥哥！妳，妳是小妹妹！而且這些都是我的玩具！妳放回去！」

❹「怎麼回事？怎麼亂七八糟的？」媽媽從花園裡走進來。「是西朵一直拿我的玩具……」加斯東喊道。「加斯東一直想命令我。」西朵也不甘示弱。

❺「你們兩個同時說話，我什麼都聽不到！都出來，今天天氣很好！」媽媽生氣的說。

❻「又來了，妳最喜歡西朵！」加斯東發牢騷，「妳每次都站在她那邊！我不想要妹妹了！」

❼媽媽笑著說：「你要我們把她丟在森林裡嗎？跟《糖果屋》裡的兄妹一樣？」

❽ 加斯東在屋外跟小機器人一起玩。他有點不高興……

❾ 突然……「哎呀呀呀呀！」加斯東大叫。是一隻黃蜂叮了他的手指！

❿ 媽媽趕緊帶著一瓶白醋和棉花跑過來。西朵發出救護車的聲音：「喔伊——喔伊——！」「媽媽，我好痛哦！」加斯東忍住淚水大聲喊著，「妳看，妳看，腫起來了！腫起來了啦！」

⓫ 媽媽把棉花片敷在加斯東脹紅的手指上。加斯東感到比較安心了:「舒服一點了……」
另一邊的西朵則氣得追著黃蜂跑:「去去!走開!不要煩我哥哥!」

⓬ 加斯東笑了,他說:「還好有妹妹保護我!」西朵輕輕的親了加斯東的手指,也笑著
說:「誰是你最愛的妹妹啊?你說!是誰?!!!」

吃下午茶前

我在房間裡找到斷掉的那一半機器人……為什麼我會有這麼討人厭的妹妹呢？

我覺得啊，如果沒有妹妹，你一定會覺得很無聊！再說，你有時候也很享受當他的哥哥，不是嗎？

我們不能選擇自己的兄弟姊妹……

有的人有很多手足，有的人一個都沒有

下午茶時間

可是西朵就是喜歡
到我的房間裡拿我
的玩具,很討厭!

我的小東東……我想你討厭
的是西朵做的事,可是你心
裡還是很喜歡妹妹的吧!

有的時候，我們會跟兄弟姊妹吵架，會互相叫罵，
會嫉妒對方……

我們找不到自己的位置！

事件落幕

哈哈，你們太好笑了！
我和你們的舅舅亨利也
是這樣，以前老是吵
架……可是現在我們常
常打電話聊天！

就是為了惹我生氣啊！
然後偶爾像個 OK 繃一
樣安撫我！！

你要我告訴你
為什麼妹妹應
該存在嗎？

兄弟姊妹就是這樣……

無論你的心情是大晴天或暴風雨，
他們都在。

好時光或壞時光

看看這棟房子的
每一個窗戶裡……
你覺得
這些兄弟姊妹
相處的情形
怎麼樣？

那我呢？

為什麼
原諒別人
那麼難？

加斯東對妹妹很生氣

① 加斯東從森林裡摘了一些花回來，做成美麗的紫色花束，準備當母親節禮物送給媽媽。「粉紫色，這是媽媽最愛的顏色。好了！都放在花瓶裡！」加斯東開心的說。

② 西朵蹦蹦跳跳的走來：「這是給我的嗎？」加斯東聳聳肩：「當然不是！」說完後，他興奮的去找媽媽。

③ 西朵覺得很不開心。唰！她摘下一朵花、兩朵、三朵……

❹「媽媽！這是要給妳的驚喜！」加斯東說。可是……他的花束上已經沒有花了！！他漲紅了臉，轉向西朵……

❺「妳怎麼可以這樣？」加斯東滿臉淚水，「我好生氣！」

❻ 媽媽責備西朵：「妳不能這樣弄壞加斯東的花……妳在想什麼？為什麼要這樣？」

❼ 西朵有點難過。「因為花不是給我的，我很嫉妒……所以就……加斯東很生氣嗎？他以後不會理我了嗎？」

⑧ 媽媽把西朵抱到大腿上。「告訴我，如果有人把妳準備好的禮物弄壞了，妳會高興嗎？」

⑨ 西朵低下頭……「我只是……嗯……只是弄壞了兩、三朵花而已，沒什麼大不了的吧。」西朵說。

⑩「我要怎麼做，他才不會繼續生我的氣？」西朵問。「也許妳可以告訴他，妳知道自己錯了？」媽媽回答。

⑪「好，我可以，可是我要怎麼做呢？」西朵思考。

⑫「我會保證不會再做這種事了，」西朵說，「然後……我還有個主意……」西朵找來一包氣球。呼──她吹了一顆氣球。「媽媽，妳可以幫我一起吹氣球嗎？」媽媽也加入吹氣球的行列。

⑬ 西朵拿著一束氣球，躡手躡腳走到加斯東身邊。「送給我親愛的哥哥……」西朵說，「你不要生我的氣了好嗎？」加斯東還是有點不高興：「不好，但是我會收下妳的氣球，不然妳就要飛走了！」

在花園裡

受到傷害的時候，的確很難原諒對方……

媽媽在澆花

可是我們一定要原諒別人嗎？

不，沒有人可以強迫你一定要這麼做。可是如果你不原諒他，心裡就會像壓著一顆大石頭。那個人做的事就會繼續傷害你……

原諒一個人，就是試著把他和你中間的高牆打破。

進家門前

好吧……那還是原諒她比較好囉？

如果你做得到，那當然最好！原諒一個人，就能把他對你的傷害擦掉。你可能會需要一點時間才做得到，可是這麼做能讓你們重新成為朋友。

原諒一個人，也是治療自己心裡的傷口，
並且再度和對方成為朋友。

找出好朋友

小公園裡有好多人，孩子們跑步、溜滑梯、踢足球⋯⋯
有些人的動作很溫和，也有一些人看起來不太友善。

找找看，哪一些人看起來試著和對方和好，
哪一些人看起來會發生衝突。

什麼是
「信任」？

加斯東要去大泳池

❶ 這天，加斯東一家人都好興奮。加斯東喊著：「我的泳衣！我的泳衣在哪裡？」爸爸說：「我在找，我在找了。」西朵得意的說：「找到了，在這裡！」今天是重要的日子，爸爸要教加斯東游泳！

❷ 「小心哦，不要滑倒了！」媽媽小心翼翼的帶著西朵走向小泳池。爸爸則拉著加斯東：「我們要去大泳池。」加斯東顫抖著說：「我比較想去小的，大的看起來好可怕……」

❸ 爸爸先下水，對發抖的加斯東說：「慢慢走下來，不要怕，我在這裡……」

❹「加油！」爸爸說。加斯東閉上眼睛，噗通一聲，跳進爸爸的懷抱裡。

❺ 爸爸緊緊抓住加斯東。加斯東像隻鯨魚一樣一直喝到水：「咕嚕……咕嚕……我好害怕。」

❻「不要緊張！」爸爸輕聲說著，同時把手放到他的下巴下。加斯東的身體平平的，像隻鱷魚在水裡游泳。現在，他比較不怕了……

❼ 另一邊，西朵站在兒童池邊看著其他小朋友。媽媽鼓勵她：「我的小蝦米，快下來吧！」可是她就像被石化了一樣，變成雕像定在原地發抖。

❽「想像妳後面有火……」媽媽說，「妳一定要跳下來。來吧，跳！妳的手上有臂圈，我也會在這裡接住妳，不要怕！」

❾ 可是這些話都沒有用，西朵還是沒有勇氣跳進泳池裡。「我好怕……」她小小聲說著，連腳趾頭都在發抖。

⑩「我來了！」加斯東說，「相信我，跟我一起做！」嘩啦！加斯東跳進兒童池裡，水花濺得到處都是。

⑪ 西朵看到那些水花，更害怕了。可是她還是慢慢爬進了池裡。

⑫ 加斯東游向西朵：「來，我教妳怎麼變成一隻小鱷魚。」他把手放到妹妹的下巴下，學爸爸把她的身體抬平。救生員看著他們說：「你們兩個看起來可以來上游泳課了哦！」加斯東笑著說：「我們已經會游泳了啊！」

更衣室內

你看，你看！
我不怕水耶，也不
怕進大游泳池！

哈！哈！對！尤其是有
一個像你超級老爸一樣
值得信賴的人在旁邊，
就更容易克服恐懼了。

當我們相信一個人的時候……

我們會依靠他們，就像靠在游泳圈上一樣。

回家路上

到家的時候

如果我們都不相信彼此……

還能生活在一起嗎？

信任小故事

有的時候，相信一個人會讓你覺得好過一些！看看這些圖片上的情況，有一些你可能已經經歷過了，說說看，你怎麼說服自己相信自己或對方。

有人為了治療你的病，但卻會弄痛你。

在學校裡有個東西一直學不會。

當你覺得害羞、很害羞、非常害羞。

當你和另一個人分享心事的時候。

當你做一件沒做過的事。

當你無法下決定時。

當你需要受到保護的時候。

當你等不到你在等的人，覺得很難過的時候。

當你在做一項運動，可是卻覺得自己做不到的時候。

119

為什麼
會有壞蛋？

帥氣的超級英雄加斯東！

❶ 下課時間，加斯東和好朋友保羅在中庭聊天。突然，他們遠遠看到有個男生看起來很生氣。「哎，那個人看起來不太好相處……」加斯東小聲說，「你認識他嗎？」

❷「他在幹嘛？」保羅叫道，「他在欺負女生，太壞了。而且還是個小妹妹……」

❸「你看，她哭了，」加斯東說。「我們應該要去阻止那個人！」保羅生氣了，決定要上前去。

❹ 加斯東和保羅跑過去救小女生，他們邊跑邊喊：「喂，你，你腦袋有問題嗎？住手！」

❺ 那個人卻故意激怒他們：「哦！超級小矮人來救公主了！我好怕噢！」加斯東覺得怒火中燒。

❻ 「你要跟我打嗎？」男孩繼續挑釁。「要打架嗎？」加斯東非常想出手揍他⋯⋯

❼ 「來吧！」保羅說「我們不用理他！妳叫什麼名字？」小女生放心了，回答：「艾拉。」

❽ 男孩追了上來：「膽小鬼！不敢打嗎？你們怕了嗎？」

❾ 保羅說：「你們有聽到什麼聲音嗎？」加斯東和艾拉搖了搖頭邁步離去。

❿ 男孩這下更生氣了，他大聲叫罵：「超級迷你小矮人！」但他們一直假裝沒聽見。

⓫ 艾拉的心情平靜下來後，對兩個男生說：「謝謝你們幫了我！可是，為什麼他這麼壞？我又沒做什麼！」

⑫ 加斯東想了想，對她說：「也許是因為他沒有朋友，可能過得不開心⋯⋯」「可是也不能因為這樣就欺負人！」艾拉回答。

⑬ 「放心，他暫時不會回來煩妳了。」加斯東一臉自豪，「我，超級加斯東一定會保護妳的！」

⑭ 艾拉在超級加斯東的臉上親了一下，加斯東的雙頰都泛紅了！保羅笑他們：「唷唷⋯⋯在一起！」加斯東的臉更紅了，但這次是因為生氣才漲紅：「喂！喂！壞蛋，你被那個人傳染了嗎！」

去公園吃下午茶時

今天下課的時候，我在中庭看到一個大男生，他真的好壞！我不懂，為什麼會有人這麼壞？

我不確定這個世界上是不是有「真的」壞人。真實的世界不像卡通，壞人一邊、好人一邊，實際情況要比這個複雜多了。

壞人……

就是故意用動作或言語傷害別人的人。

踢足球的時候

爸爸，我從來都不傷害別人，對吧？我永遠都不會變壞人吧？

是嗎？永遠、永遠？你確定嗎？每個人或多或少都有可能做出傷害別人的事。得分！

人性本來就存在惡的一面……

和善的一面。

回家路上

我剛才差點就揍了那個欺負艾拉的大個子惡霸！艾拉只是個小女生。

寶貝，你沒揍他是對的，你做得很好！你阻止他欺負別人也是正確的作法。我覺得你很棒，我很驕傲！

放大心中的善意……

就能擊退惡意。

仔細看看
這張圖。
這個遊戲場上
有好多小朋友！
找找看，
哪些人的
關係很好，
哪些人
很暴力。

為什麼
有些人沒有家？

加斯東發現有些人沒有房子住

❶ 呼……好冷哦！天空白白的，樹木看起來都結凍了……「呼。」西朵吹出一口氣，眼前出現一團白霧，就像龍吐出來的！「哎喲！」加斯東拿掉手套，「手凍得好痛！」

❷ 加斯東突然停下腳步。「哇，有個帳篷，有人住在裡面嗎？」「噓！」爸爸說，「裡面有個先生在睡覺……」西朵很驚訝：「為什麼他會睡在那裡？」「他沒有家嗎？」加斯東驚呼。

❸ 加斯東感到震驚：「為什麼那個人不像我們一樣住在房子裡？」西朵覺得很難過：「可是，他這樣很冷耶！如果風很大怎麼辦？如果下雪了呢？」媽媽嘆了口氣：「照理說每個人都應該有正常的住所……」

❹ 「可是啊……買房子需要很多錢！」爸爸解釋。
「那……為什麼我們不給他們一點錢呢？」加斯東叫道。

❺ 西朵把手伸到口袋裡挖錢，加斯東也跟著做：「三個硬幣，好像不太夠……」

137

❻「怎麼做才好呢？怎樣才能湊到足夠的錢呢？啊！我知道了！我可以賣掉玩具！」加斯東說。

❼西朵也興奮的踩腳：「我也要，我可以賣我的畫！」爸爸笑了：「我的小寶貝，這樣還是不夠啊……」

❽「我知道了，」加斯東說，「如果讓他住在我們花園裡的小木屋裡呢？還不錯吧？」

❾「可以在裡面放很多抱枕！」西朵說。爸爸和媽媽聽著他們說話，很高興孩子們有那麼多的主意。

⑩ 太陽下山了，空氣又更冷了一些，變得更刺骨了。西朵和加斯東把一些東西放在小屋前。「你們做了什麼？」媽媽問。「我把圍巾留給他了。」西朵說，「這樣他就再也不會冷了！」「我放了一些榛果！」加斯東說，「這樣他可以種榛果樹，就再也不會餓肚子了！」

回到家後

嗯……家裡
好溫暖哦。

是啊小傢伙。家裡
很溫暖。我們不可
能住在外面……

廚房裡

媽媽，那個住在路邊
的先生什麼都沒有，
他是怎麼活下去的？

他會努力想辦法……
也許有人會給他食物
和一些衣服……可是
大概還是不夠……

吃飯時

那我真的不能
幫那些流浪漢
做點什麼嗎？

寶貝，的確沒什麼你
可以做的。可是有一
些組織跟協會會幫助
他們，給他們食物和
保暖的被子。

其實不只這樣⋯⋯
我偶爾也會停下來
跟他們聊天。這麼
做可以鼓勵他們。

對啊，我們還
太小了！

面對一無所有的人……

每一個人都可以盡一點心力,儘管只是小小的幫助。

貧窮還是富有？

有的時候，我們很難定義。
問問自己，圖片上的東西你有很多嗎？還是很少？

兄弟姊妹？
堂／表兄弟姊妹？

朋友？

玩具？

錢幣？

衣服？

夢？

優點？缺點？

擁抱？

好乖
好勇敢　好有趣
好棒
好聰明
好善良
好可愛

讚美？

書？

我什麼時候才算長大？

加斯東想要長大！

❶ 今天是個大日子，加斯東、西朵和爸爸媽媽要去遊樂園玩一整個下午！遊樂園裡到處都是遊樂設施，還有不停播放的音樂！「從哪裡開始好呢？」加斯東雙眼發亮。

❷「有釣鴨鴨耶，我超愛這個！」西朵說。加斯東嘆了口氣：「噗！這是給小寶寶玩的！我長大了！我要玩大人的遊戲！」

❸ 西朵叫道：「我贏了！」加斯東笑她：「小鴨鴨小心哦，妳要掉進水裡了！」

④ 加斯東突然指向天空：「哇！我要坐那個大輪子，坐到最高的地方！」

⑤ 「這是什麼意思？」加斯東問。「意思是你要有130公分才能上去。」爸爸說，「你還不夠高。」加斯東覺得很不開心。

⑥ 加斯東馬上墊起腳尖。「嘩！你作弊！」西朵說，「你不能進去！」

⑦ 「別擔心，」媽媽說，「等你再長高幾公分，我們就可以坐了！」「你們自己去吧！」爸爸說，「這個對我來說太高了！」

❽ 後來⋯⋯砰！砰！加斯東和西朵在玩丟沙包。「我贏了！我好厲害！」加斯東說。「我也是！」西朵跟著喊。突然⋯⋯咻！！！是八字型軌道上的雲霄飛車從他們身邊全速衝過。

❾ 「哇！！」加斯東蹦蹦跳跳，「有火車！我要坐那個！」媽媽答道：「小子，你還是坐旋轉木馬吧。」加斯東撇嘴。

❿ 「我們去坐飛碟好不好？」西朵問。加斯東嘆了口氣：「那個太幼稚了⋯⋯」

⑪「小朋友們！」爸爸說，「快來看！」他笑到眼淚都流出來了：「你們看，是我耶，我好像一隻小螞蟻！」媽媽笑著說：「我也是，我變小了！」「哈哈哈！嘻嘻嘻！」爸爸和媽媽在哈哈鏡前玩得超開心。

⑫ 西朵叫道：「我們被拉長了！好像長頸鹿！」加斯東開心了：「終於！現在我們都長大了！」

⑬「說到這個，迷你爸爸、迷你媽媽去哪裡了？嘿嘿！我們可以走了嗎？嘿！哈！」

153

動物園內

哼！為什麼我不能坐雲宵飛車，也不能坐那個大輪子……為什麼小朋友有這麼多事不能做？一直這樣真的很煩！

我的小東東，我們還小的時候的確有很多事不能做，可是你知道嗎？你能做的事已經比妹妹多很多了！

小朋友常常會覺得自己很小……

他們不再是寶寶了，但也還沒有變成大人。

看北極熊的時候

我決定了，長大以後我要住在冰屋裡！我會成為馴熊師，然後教牠們怎麼釣魚！

嘻嘻嘻！你連釣竿都沒有！加斯東，不要作夢了……

小西朵，他當然可以做夢啊！小朋友也可以有大夢想！

小朋友總是在發現新事物，
所以會有很多想法和很多夢⋯⋯

這些夢會讓我們覺得自己長大了！

參觀長頸鹿區的時候

我好想要現在就變成大人哦！

我在你這個年紀的時候也急著長大……可是你知道嗎？所有的人都曾經是小孩。而且，其實我覺得你已經越來越大了！

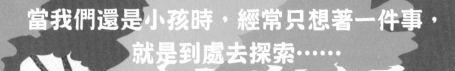

當我們還是小孩時，經常只想著一件事，
就是到處去探索……

畢竟前方有一整個人生
等著我們去探險呢！

你長大了嗎？

寫自己的名字

自己下樓梯

喝咖啡

接聽電話

綁鞋帶

騎沒有輔助輪的腳踏車

看看這些圖片，你已經會自己做的就按綠色，
你覺得要再長大一點才會做的就按紅色。

開車

整理房間

安慰別人

有一個情人

自己去上廁所

算到 999

我會一直都
幸福快樂嗎？

徜徉在幸福之海的加斯東

❶ 加斯東和西朵在海灘上蓋了一個遮陽小屋。「我覺得啊，這世界上最快樂的事，就是一直待在這裡。」加斯東表示。「哦，對呀，」西朵說，「想游泳就游泳，而且還可以吃冰淇淋……」

❷ 「這裡的確很舒服，」爸爸說，「陽光很溫暖，我們在陰影下聽海浪聲。簡直是天堂。」

❸ 「再待久一點，你們一定會覺得無聊！」媽媽說。「不會！」加斯東、西朵和爸爸異口同聲，「我們一定會幸福快樂！」

❹ 爸爸、媽媽、加斯東和西朵四人躺在沙灘上，海水輕撫著他們。爸爸幻想著：「我可以去捕魚……」「那你們應該吃不飽吧！」媽媽笑著說，「你們的朋友呢？不會想他們嗎？」加斯東說：「哦，對耶……」

❺「你們要做什麼工作呢？」媽媽問，「擁有一件擅長的事也會讓你感到快樂！」「呃……」加斯東想了一下，「我要拯救世界！你們看！那裡有一隻受傷的螃蟹！喔咿——喔咿——！」「還有這裡！」西朵說，「這裡有一隻蝦子被困住了！我把牠放回海裡！」

❻「小小救難員！」爸爸笑了，「好主意！做個有意義的工作也會讓你感到快樂！」

❼「我，我！」媽媽叫道，「快來救我！我全身都紅通通的……」「喔咿——喔咿——！快！擦一點防曬乳！」加斯東說。

❽「要不要一起去玩海浪？」媽媽問。加斯東興奮的跳了起來。這時，他聽到一個聲音喊著：「加斯東！加斯東！」

❾ 原來是妮娜！是他來渡假的時候都會遇到的好朋友。「加斯東，要不要跟我一起玩？」

❿「好啊！」加斯東說完就和妮娜走了。他們看起來就像兩隻在水裡樂悠悠的小魚！西朵問道：「那我們呢？」爸爸笑著說：「哦——我還以為跟我們在一起就是他最幸福的事呢！」

167

後來

嗯……漂在水上好舒服哦。為什麼不能一直都這麼快樂呢？

是啊，這種生活真的很舒服……但其實其他時候你也很快樂的啊！也許只是你沒有特別注意而已。

有的時候我們不知道自己其實很快樂⋯⋯

收拾東西的時候

哦……不會吧！已經要回家了嗎？我還想再玩一下。為什麼不能一直都很快樂？

是啊，那樣的話該有多好！但快樂的時光總是會結束的，有的時候我們會因此感到難過……可是之後我們還是有機會再享受快樂！說到這個，誰要陪我去買冰淇淋？

170

如果我們一直都很快樂的話……

還會感覺到快樂嗎？

傍晚

哦……可以跟親愛的爸媽和最愛的妹妹一起看夕陽，我真的好快樂！我想世界上應該沒有比這個更快樂的事了吧！

是嗎？你知道嗎？看到你這麼快樂，讓我更快樂了！

讓一個人快樂……

我們也會因此快樂起來！

10個保持快樂的祕訣

保持笑容並不是一件容易的事。有的時候，我們也會難過、生氣、不高興……下面這些事可以幫助你走向生命的向陽處！

試著把它看成半滿的水，而不是半空的水。

下定決心當一個快樂的人。

試著細數身邊美好的事物。

試著保持微笑。

你快樂，身邊的人也會跟著快樂。